Adolescência em movimento

Gloria A. Calvo, Camila Lynn
e Agostina Mileo
Ilustrações de **Martina Trach**

Tradução de
Bruno H. B. Rebouças

callis

Publicado originalmente por Ediciones Iamiqué S.A., Buenos Aires, Argentina.
Traduzido da primeira publicação em espanhol intitulada *Pubertad en marcha*
@ Ediciones Iamiqué, 2021.

1ª edição, 2024

Texto adequado às regras do novo Acordo Ortográfico da Língua Portuguesa

Coordenação editorial: Miriam Gabbai
Editor assistente e revisão: Ricardo N. Barreiros
Tradução: Bruno H. B. Rebouças
Diagramação: Thiago Nieri

ISBN 978-65-5596-297-0

Impresso no Brasil

2024
Callis Editora Ltda.
Rua Oscar Freire, 379, 6º andar • 01426-001 • São Paulo • SP
Tel.: (11) 3068-5600 • Fax: (11) 3088-3133
www.callis.com.br • vendas • callis.com.br

Dados Internacionais de Catalogação na Publicação (CIP)
Angélica Ilacqua CRB-8/7057

Calvo, Gloria A.

Adolescência em movimento / Gloria A. Calvo, Camila Lynn, Agostina Mileo ; ilustrações de Martina Trach ; tradução de Bruno H. B. Rebouças. – São Paulo : Callis Editora, 2024.
64 p. : il., color.

ISBN 978-65-5596-297-0
Título original: *Pubertad en marcha*

1. Literatura infantojuvenil 2. Puberdade 3. Educação sexual para jovens I. Título II. Lynn, Camila III. Mileo, Agostina IV. Rebouças, Bruno H. B. V. Trach, Martina

24-4722 CDD 028.5

Índices para catálogo sistemático:
1. Literatura infantojuvenil espanhola

Por que você está lendo este livro?

SE ESTE LIVRO chegou às suas mãos é porque você provavelmente está começando a transitar ou já está transitando pela **puberdade**. Essa etapa é uma das mais transformadoras da vida, pois envolve mudanças profundas, novos desejos e sensações desconhecidas. Muitas mudanças: no seu corpo e na sua relação com ele, na sua forma de pensar e de se perceber, no modo de se relacionar com outras pessoas e com o mundo. Muitas coisas novas: sentimentos, questionamentos, temores, interesses... E muitos novos desejos: de explorar, de viver outras experiências, de adquirir autonomia e de ter mais intimidade.

Fizemos este livro com a ideia de ajudar você a entender um pouco mais do que está acontecendo contigo. No decorrer destas páginas, você encontrará informações que responderão a muitas das suas perguntas, esclarecerão algumas das suas dúvidas e permitirão saber a que se devem tantas coisas novas. Esperamos que ele lhe forneça as ferramentas para que você possa expressar o que sente e viver sua puberdade ao máximo.

Agora sim: ***vamos à leitura!***

Mulheres e homens: iguais ou diferentes?

QUANDO VOCÊ NASCEU, te registraram em um cartório e deram para a sua família documentos que certificam sua identidade. Nesses documentos, constam seus nomes e sobrenomes, a data e a hora do seu nascimento, o seu sexo e alguns dados mais.

Com exceção do nome, que certamente foi escolhido por outros membros da família, todos os demais dados surgiram de diferentes observações. A hora, por exemplo, foi registrada do relógio que a marcava. E como determinaram o seu sexo? Por meio da observação de suas genitálias: se você tem vulva, registraram "feminino"; e se você tem pênis, "masculino". Contudo, você acha que basta ver os órgãos genitais para saber se alguém é mulher ou homem? E existem apenas dois sexos?

Há pessoas cujos órgãos externos não são nem vulva, nem pênis. Essas pessoas são denominadas **intersexo** e são quase 2% da população mundial. Parece pouco? É mais ou menos a mesma quantidade de pessoas ruivas!

Vamos experimentar!

Procure fotos de quando você era bebê. Em que você e o bebê se parecem? Em que vocês se diferenciam? Você se reconhece na foto que está no seu documento?

É baseado principalmente na observação dos órgãos genitais, mas também é definido por outras características. Geralmente são reconhecidos apenas dois: feminino e masculino, embora existam pessoas que tenham características de ambos.

O que as genitálias têm a ver com isso?

TALVEZ possa parecer que a discussão sobre os sexos seja algo novo, mas já em 1949 a escritora e filósofa francesa Simone de Beauvoir abordou o tema em seu livro intitulado *O segundo sexo*. Nele, ela disse uma frase que causou muito alvoroço: "não se nasce mulher, torna-se mulher".

O que ela quis dizer com isso? Para Simone, as diferenças entre mulheres e homens não estão relacionadas com a distinção que há entre seus corpos, mas, sim, com as diferenças que há na forma como foram criados. Segundo ela, ser mulher ou ser homem não é uma questão de genitálias, mas do que os outros esperam de cada pessoa.

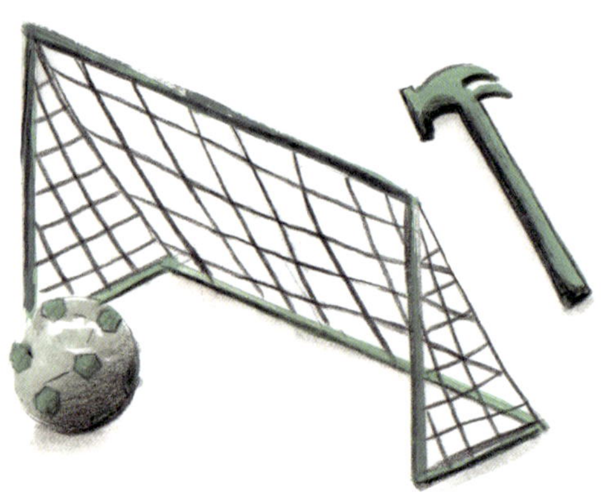

Para ter em mente!

No momento do nascimento, as pessoas possuem apenas 10% das conexões cerebrais que terão na idade adulta. Isso indica que a forma de pensar e de tomar decisões, que está ligada a essas conexões, se desenvolve ao longo da vida e por meio das experiências. Muitos estudos afirmam que as diferenças entre mulheres e homens se devem às distinções em seus cérebros, mas é importante considerar que, geralmente, essas pesquisas são realizadas com pessoas adultas, que já foram educadas de determinada forma.

Além disso, a biologia (como é e como se forma seu corpo) não pode ser completamente separada do social – por exemplo, onde você mora e o que te ensinam na escola. Por isso, afirmações como aquela que assegura que "os homens são melhores no futebol" nos dão motivo para pensar: eles são melhores porque são mais habilidosos com a bola ou porque, ao começarem a andar, ganham uma bola e o incentivo para jogar?

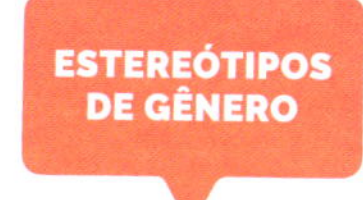

ESTEREÓTIPOS DE GÊNERO

É o conjunto de características e comportamentos que se espera de uma pessoa, conforme ela seja classificada como mulher ou homem.

Seja você mesma, seja você mesmo

ALGUMA VEZ você fez algo que não queria só porque alguém pediu, ou porque você sentiu que tinha que fazer diante dessa pessoa? Você já insistiu para que alguém fizesse algo que não queria? Comer algo asqueroso, dizer algo desagradável a alguém ou participar de uma brincadeira pesada são apenas algumas das coisas que se fazem sob pressão ou para não decepcionar o grupo ao qual pertence.

Muitas vezes, por trás dessas pressões, existem ideias equivocadas sobre gênero que consistem em acreditar que os testes, desafios, punições ou apostas servem para demonstrar o quão mulher ou homem se é e se encaixar em algum estereótipo. Antes de embarcar em qualquer um desses desafios, você pode se perguntar por que faria isso e o que teria que provar. Em última análise, as coisas que você decide fazer, ou não, deveriam depender de você e não do que esperam de você.

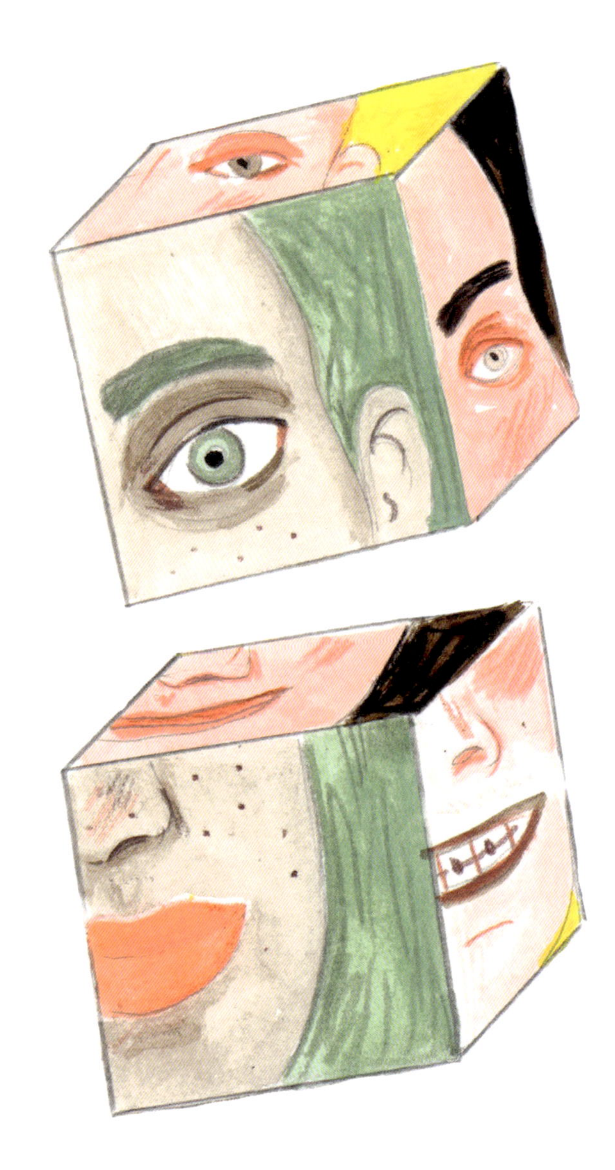

#MASCUmito

Os homens não são sensíveis.

Todas as pessoas sentem, mas muitos homens estão pressionados para ocultar suas emoções ou se envergonham ao demonstrar seus sentimentos.

#FEMImito

As mulheres são tranquilas.

A tranquilidade não tem nenhuma relação com o gênero. É uma característica que muitas pessoas têm.

Você sabia que...

Em algumas universidades dos Estados Unidos, ainda é comum ter que realizar certas provas de "valentia" para poder entrar em uma fraternidade, como bater em outras pessoas, roubar ou tirar a roupa em público.

O que é identidade de gênero?

A IDENTIDADE define cada pessoa e está relacionada com o que cada um sente sobre si mesmo. O mais importante a respeito da identidade tem a ver com o que você sente sobre quem você é: o lugar onde você nasceu, a família a que pertence, a comida que você come, as roupas que você veste, a música que você escuta, seu nome, seu gênero, como você gosta de ser chamado...

A **identidade de gênero** é a forma como cada pessoa vive seu gênero. Começa a ser construída desde muito cedo e essa construção continua ao longo da vida. Não é determinada pela genitália, mas sim pela percepção que cada um tem de si mesmo: mulher, travesti, homem trans, homem não binário, trans... No processo de construção de sua identidade de gênero, algumas pessoas mudam o nome, realizam cirurgias ou seguem tratamentos médicos para modificar seus corpos.

Quem não se identifica com o sexo indicado em seu documento pode sofrer discriminação ao ir à escola, ao hospital ou na busca por emprego. Qual é a sua opinião sobre isso? Qual você acha que é a razão para isso? Você acha isso justo?

PESSOAS NÃO BINÁRIAS

A palavra "binário" vem do latim e se refere a coisas que apenas são consideradas como duas: mulheres e homens, bons e maus, lindos e feios. As pessoas não binárias não se identificam nem como mulheres nem como homens.

Você sabia que...

Na comunidade indígena de Juchitan, no México, antes mesmo da chegada de Colombo à América, existiam as Muxes, pessoas que nascem com pênis e se identificam como mulheres.

Quantas mudanças!

ESTE, como outros, é um momento da vida em que começam a acontecer coisas novas. Algo que o faz especial é que, além de você começar a pensar e se sentir de maneira diferente, seu corpo vai experimentar ou está experimentando muitas mudanças. Essas alterações dependem de sua idade, mas, também, de seus genes, do lugar onde mora, de como vive, de como se alimenta e de quais atividades você realiza.

À medida que você cresce, seu corpo vai ficando cada vez mais parecido ao de pessoas adultas. Muito disso tem a ver com os hormônios, umas substâncias que sempre estiveram presentes, mas que, neste momento, seu organismo começa a produzir em maior quantidade. Se você entende o que está acontecendo, é provável que desfrute de mais essa etapa. E, embora às vezes isso te incomode, tenha em conta que não há nada para temer, nem motivos para se alarmar.

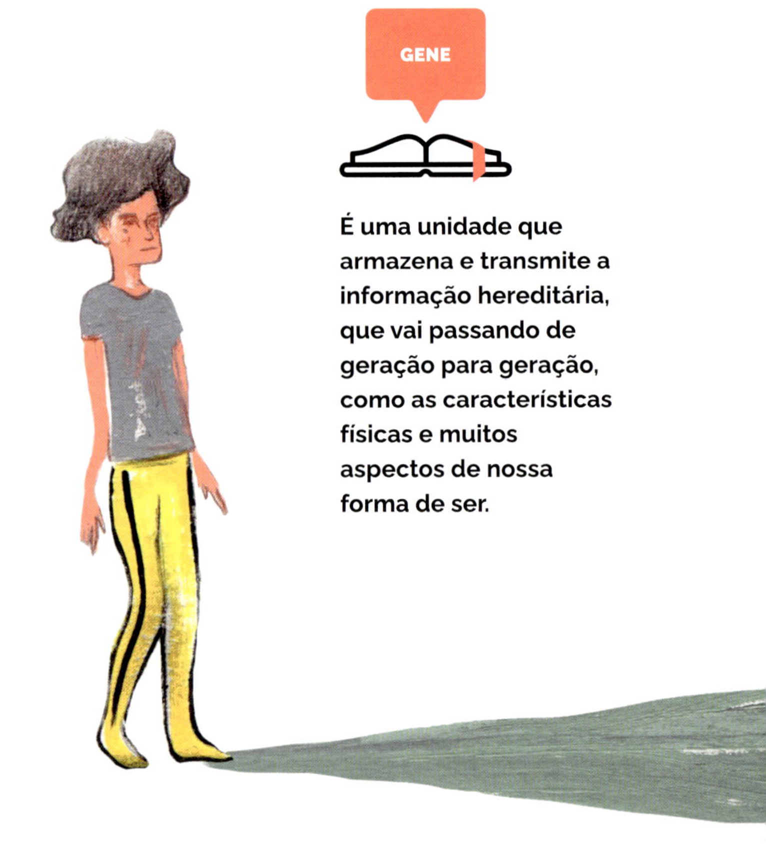

GENE

É uma unidade que armazena e transmite a informação hereditária, que vai passando de geração para geração, como as características físicas e muitos aspectos de nossa forma de ser.

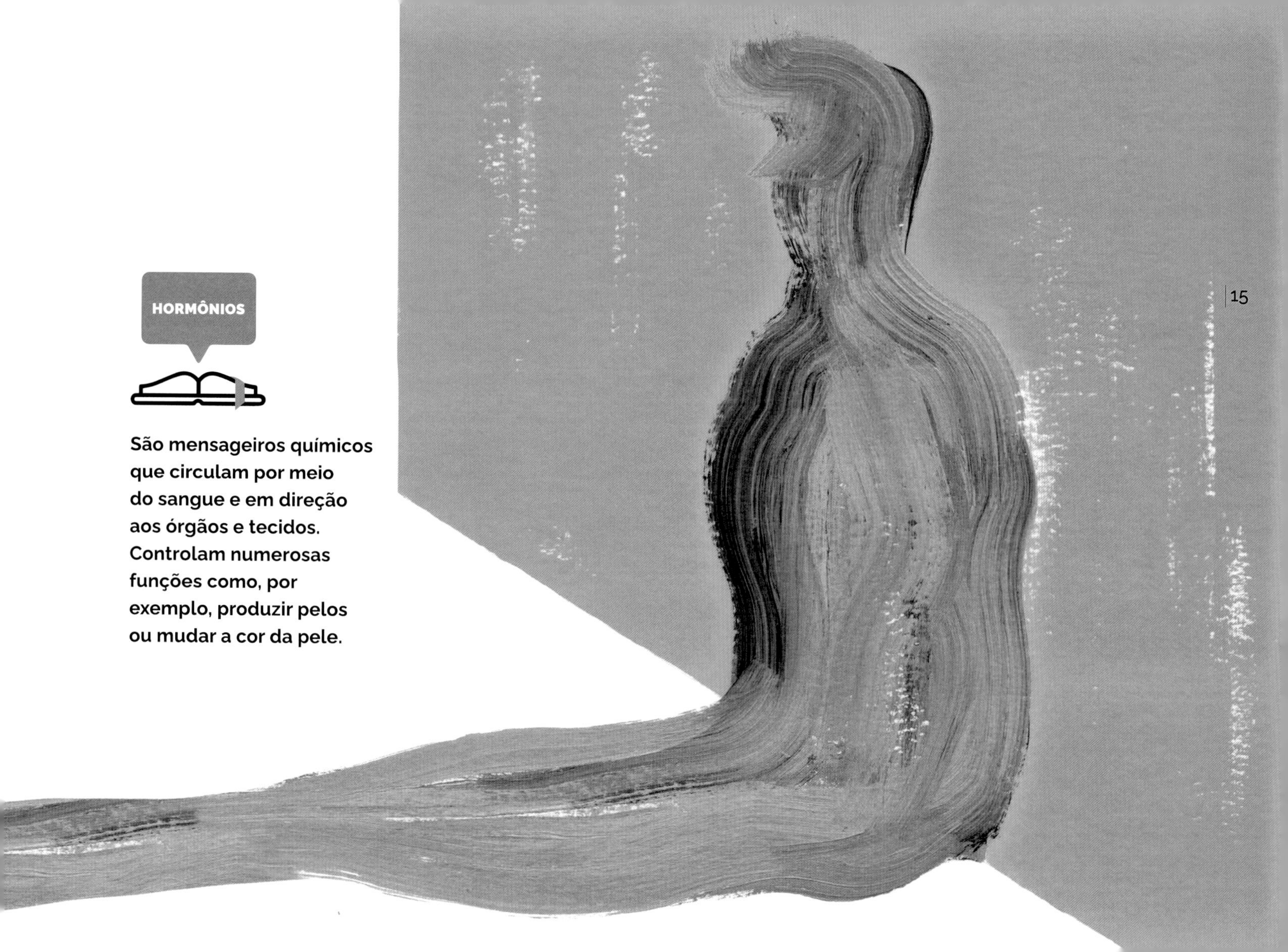

HORMÔNIOS

São mensageiros químicos que circulam por meio do sangue e em direção aos órgãos e tecidos. Controlam numerosas funções como, por exemplo, produzir pelos ou mudar a cor da pele.

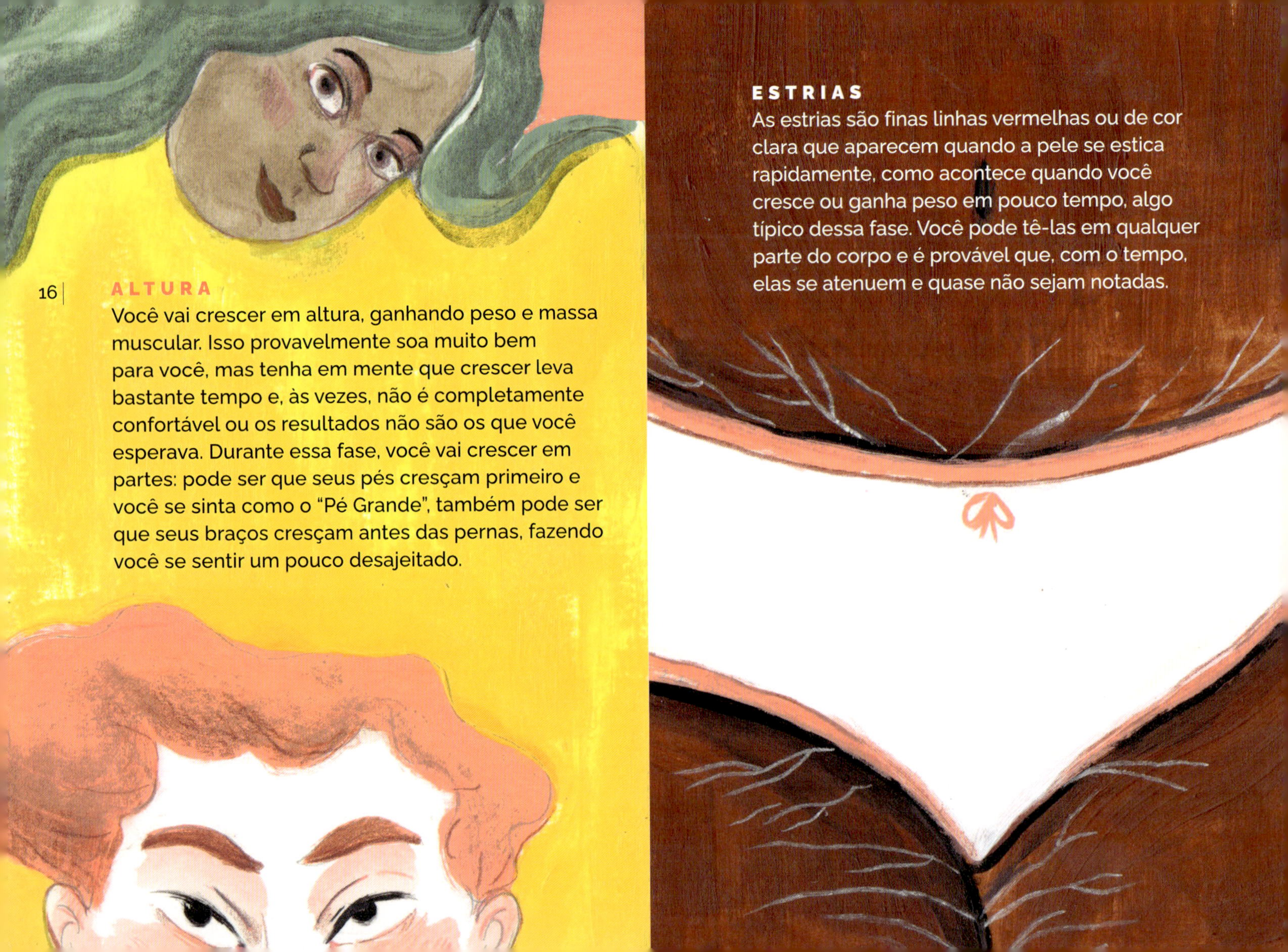

ALTURA

Você vai crescer em altura, ganhando peso e massa muscular. Isso provavelmente soa muito bem para você, mas tenha em mente que crescer leva bastante tempo e, às vezes, não é completamente confortável ou os resultados não são os que você esperava. Durante essa fase, você vai crescer em partes: pode ser que seus pés cresçam primeiro e você se sinta como o "Pé Grande", também pode ser que seus braços cresçam antes das pernas, fazendo você se sentir um pouco desajeitado.

ESTRIAS

As estrias são finas linhas vermelhas ou de cor clara que aparecem quando a pele se estica rapidamente, como acontece quando você cresce ou ganha peso em pouco tempo, algo típico dessa fase. Você pode tê-las em qualquer parte do corpo e é provável que, com o tempo, elas se atenuem e quase não sejam notadas.

VOZ

A voz, especialmente a dos meninos, começa a mudar e a se tornar mais grave. No processo, coisas engraçadas podem acontecer, como você dizer uma frase com voz aguda e a seguinte com voz grave. Além disso, na parte frontal do pescoço cresce uma protuberância que geralmente é chamada de "pomo de adão", que protege a garganta e as cordas vocais. Todos nós temos essa protuberância e, se você pressionar o pescoço na altura da garganta e engolir saliva, poderá senti-la.

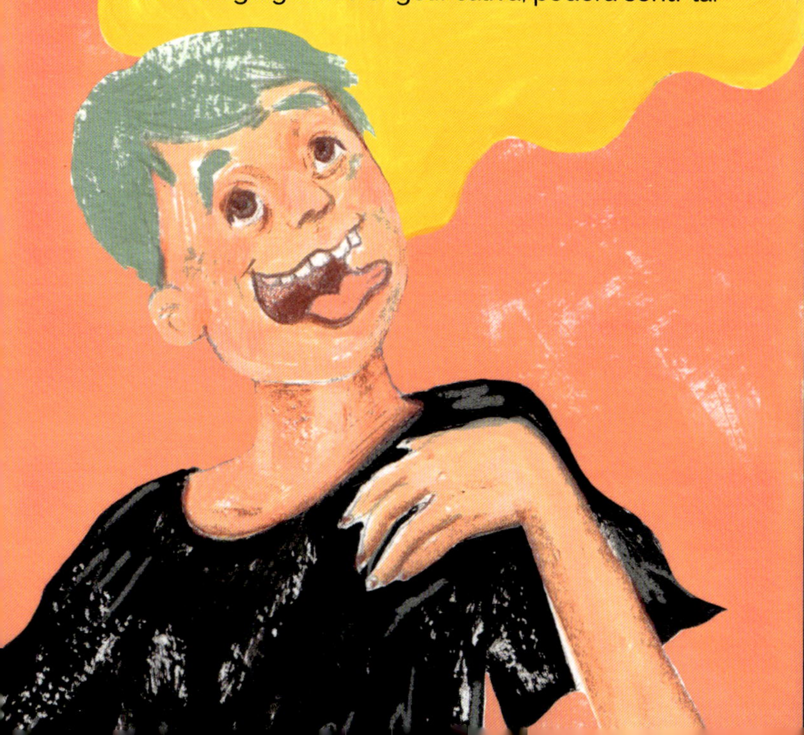

ESPINHAS

Ao produzir mais hormônios, pode acontecer de você começar a ter acne, uma inflamação da pele do rosto e do tronco que geralmente se manifesta na forma de espinhas. Embora possam incomodar, não as esprema! Elas podem infeccionar ou deixar marcas permanentes. Com ou sem espinhas, é provável que a pele do rosto se torne mais oleosa ou brilhante.

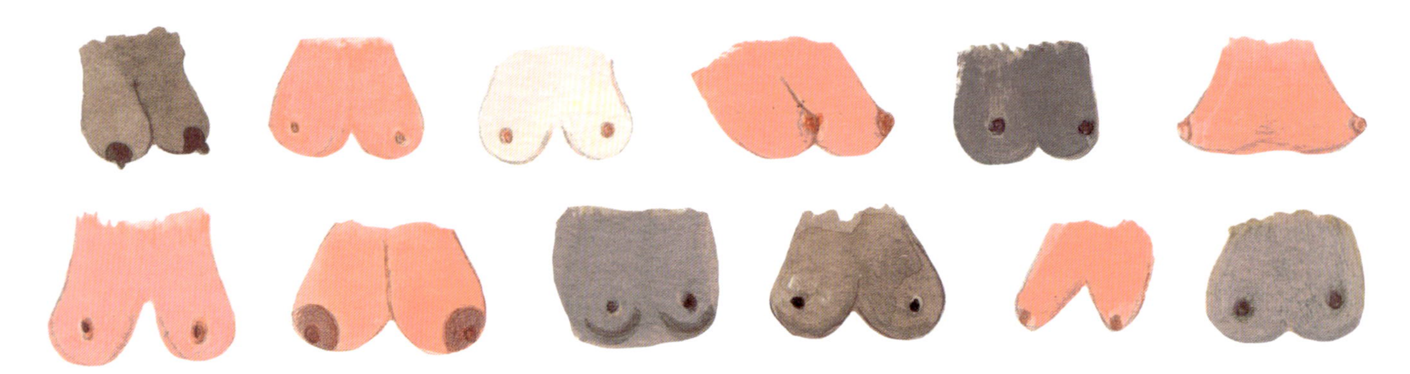

SEIOS

Os seios, peitos ou mamas, aos poucos, ou de repente, começam a crescer. Pode ser que, de um dia para o outro, aumentem muito de tamanho ou nunca cresçam tanto. A forma que eles adotam é muito variada. Os mamilos mudam de cor, a pele fica um pouco mais grossa e podem surgir pelos.

PELOS

Em muitas áreas do seu corpo, como as axilas, os mamilos, ao redor do ânus, abaixo do umbigo ou na genitália, começarão a crescer pelos. E em outras partes onde você já tinha, como braços e pernas, eles ficarão mais abundantes e grossos. É importante saber que esses pelos não crescem por acaso. Os pelos que crescem nos seus órgão genitais, por exemplo, têm a função de protegê-los, resguardando-os de bactérias e irritações.

Para ter em mente!

- Durante a maior parte da história da humanidade, ninguém removeu pelos. Atualmente, há pessoas que se depilam ou se barbeiam e outras que não. Por que você acha que fazem isso? Por que acha que não fazem?

- Nem todas as pessoas têm a mesma quantidade nem a mesma cor de cabelo e, inclusive, uma mesma pessoa pode ter pelos de cores diferentes em partes distintas do corpo. Você pode ter muitos, poucos ou nenhum; pretos, ruivos, loiros, castanhos... Mais uma vez, isso depende de genes e hormônios.

VULVA

Os lábios da vulva crescem e escurecem um pouco. Além disso, pelos aparecerão. Da vagina começará a sair um corrimento, uma substância pegajosa de cor transparente ou esbranquiçada que parece secreção.

PÊNIS E TESTÍCULOS

O pênis também muda de tamanho e isso pode acontecer muito rápido ou muito devagar. De qualquer forma, não existe um tamanho que ele deva atingir nem é uma competição. A pele dos testículos muda de cor, muda de textura e se torna mais rugosa, e pelos crescem. Também é possível que ocorram ereções, poluções noturnas e ejaculações.

Explore!

Você já olhou seus órgãos genitais com atenção? Se ainda não fez isso, pode usar um espelho para se observar. É importante que encontre um momento e um espaço de intimidade em que possa explorar e conhecer seu corpo sem que ninguém o incomode.

O que as mudanças têm a ver com a reprodução?

AS PESSOAS, assim como os outros animais, têm a capacidade de se reproduzir, ou seja, de ter filhos. No entanto, não nascemos com essa capacidade, mas a adquirimos em algum momento da vida. Os cães e os gatos, por exemplo, podem ter filhotes assim que completarem um ano de vida, algo impensável para a espécie humana. Os elefantes, por sua vez, só podem fazê-lo por volta dos 15 anos.

As mudanças que você está experimentando neste momento estão relacionadas com a puberdade, fase em que se desenvolve a capacidade física para a reprodução. Mas, atenção: adquirir essa capacidade não significa que você esteja pronta para ser mãe ou pronto para ser pai, ou que, em algum momento, você vá querer ser. As pessoas têm um desenvolvimento bem diferente em relação aos animais, que depende tanto do cultural quanto do biológico. A decisão de ter filhos tem muito mais a ver com o desenvolvimento pessoal do que com o físico.

PUBERDADE

Vem da palavra latina *pubere*, que significa púbis com pelos.

Com vocês, os hormônios

OS HORMÔNIOS, responsáveis pela maioria das mudanças que ocorrem durante a puberdade, são os **estrogênios**, a **progesterona** e a **testosterona**. Entre suas muitas funções, esses hormônios interferem em alguns processos muito importantes relacionados à reprodução, que você poderá ler em detalhes mais adiante: os estrogênios e a progesterona interferem com o ciclo menstrual; e a testosterona, com a produção de espermatozoides, que ocorre nos testículos.

Esses hormônios também podem modificar seu estado de ânimo e suas emoções, embora isso não seja suficiente para explicar por que você se sente de uma maneira ou de outra. É um equívoco atribuir a eles seus momentos de raiva ou tristeza: os hormônios podem intensificar uma sensação, mas não a determinar. Se você se sente triste, feliz, nervoso ou desanimado, isso depende de coisas bem variadas, como sua alimentação, sua atividade física, seu ambiente ou sua rotina.

Além disso, as pessoas podem tomar hormônios sintéticos por razões de saúde, estéticas ou de identidade. Existem hormônios que estimulam o crescimento, outros que interrompem algum processo próprio da puberdade, outros que aumentam a produção de pelos corporais, outros que promovem o crescimento dos seios...

Para ter em mente!

Assim como as genitálias não determinam se alguém é mulher ou homem, tampouco existem hormônios femininos ou masculinos. Todas as pessoas têm estrogênios, progesterona e testosterona e, ainda que existam concentrações médias conforme o sexo e a idade, cada pessoa os possui em quantidades e proporções diferentes e essas quantidades variam ao longo da vida.

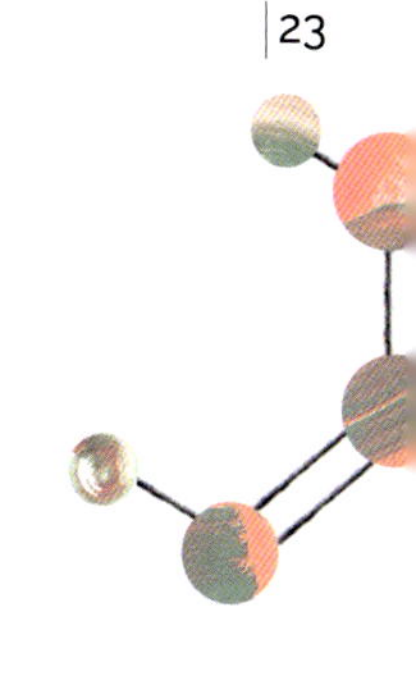

Você sabia que...

Lionel Messi já era um craque quando criança, mas não crescia o suficiente para poder jogar profissionalmente quando adulto. Aos 9 anos, acompanhado por sua família e uma equipe de profissionais, ele iniciou um tratamento hormonal que fez com que sua altura e massa muscular aumentassem.

De onde vem esse cheiro?

A TRANSPIRAÇÃO é um processo pelo qual o corpo regula sua temperatura. Você transpira quando faz atividade física, quando sente muito calor, quando fica bravo, quando fica nervoso... O líquido que sai dos seus poros, basicamente composto por água e sais, evapora-se sobre a sua pele e, ao fazê-lo, a resfria.

Embora a transpiração ocorra desde o nascimento, na puberdade começa a ser produzido um suor diferente em determinadas áreas do corpo, como axilas, região externa dos órgãos genitais e nos pés. Mais uma vez, os responsáveis por essas mudanças são os hormônios, que ativam certas glândulas, fazendo com que você transpire mais e de maneira diferente.

Esse líquido quase não tem cheiro, mas as bactérias que se alimentam dele o decompõem e o transformam em algo fedido. Por isso, durante a puberdade, podem surgir novos odores e outros que você já tinha podem se tornar mais fortes.

Para ter em mente!

Às vezes, os odores fortes podem ser um sinal de alerta, pois indicam a presença de uma grande quantidade de microrganismos. Nesse caso, é necessário fazer uma consulta médica.

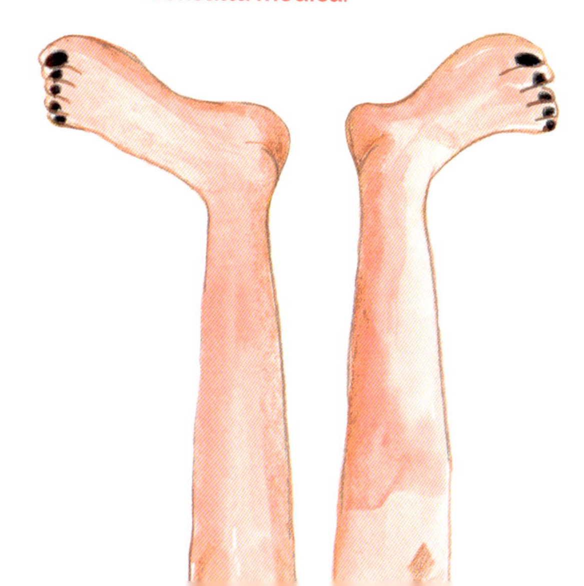

Todas as pessoas cheiram igual?

EM PRIMEIRO LUGAR, o seu odor tem relação com o que você come e com o seu tipo de pele. De certa forma, ele fala sobre quem você é e sobre seus hábitos. Há quem pense, inclusive, que os odores produzidos pelo corpo são dados olfativos que servem para identificar parentesco ou para escolher um parceiro ou parceira.

Por outro lado, seu cheiro depende do tipo e da quantidade de bactérias que vivem sobre a sua pele. Pode ser agradável ou desagradável para você, e pode agradar ou não outras pessoas. Em todo caso, agora que você cresceu e provavelmente está assumindo mais responsabilidades em relação ao seu cuidado pessoal, é importante que mantenha uma boa higiene. Dedique tempo para lavar-se periodicamente com água e sabão e, inclusive, para se secar. Cada área é importante, mas preste especial atenção às áreas que exalam mais odor, como as axilas, o púbis e os pés.

Troque de roupa e calçados com frequência, para evitar irritações ou infecções. Tente usar roupas limpas, frescas e feitas com fibras naturais, como algodão, especialmente na roupa íntima. Desse modo, você permitirá que sua pele respire melhor e que os odores não fiquem impregnados nas roupas.

#PuberDica

Se o seu cheiro te incomoda, experimente usar desodorante ou algum produto que perfume a pele. Ao sair de casa, você pode levar algo para se higienizar ou uma roupa para trocar.

O que é a menstruação?

A MENSTRUAÇÃO ocorre em um conjunto de órgãos conectados e localizados na parte baixa do abdome: os ovários, as trompas uterinas, o útero e a vagina. Nos ovários, existem milhares de células chamadas **óvulos**, que estão lá desde o nascimento.

No início do **ciclo menstrual**, um hormônio específico faz com que um dos óvulos comece a crescer. Quando esse óvulo completa seu crescimento, é liberado pelo ovário e segue em direção à trompa, em um processo conhecido como **ovulação**. Se encontrar com um espermatozoide lá, o óvulo pode ser fecundado.

Enquanto isso, a parede interna do útero, chamada **endométrio**, vai engrossando. Se o óvulo foi fecundado, ele tentará se fixar nessas paredes em um processo conhecido como implantação, o que poderia resultar em uma gravidez. Se não foi fecundado ou não se implanta, como ocorre na maioria dos casos, ele é eliminado pela vagina, junto com as camadas externas do endométrio, na forma de sangramento. Isso é o que conhecemos como menstruação.

Você sabia que...

Em 1993, Margie Profet, uma bióloga evolucionista, propôs uma teoria em que sugere que a menstruação pode servir para "limpar" microrganismos e proteger contra infecções.

#PuberDica

Para saber a duração de seus ciclos e as mudanças que estão ocorrendo, tente registrar tudo em um calendário menstrual. Alguns são vendidos com esse nome, mas você também pode criar um calendário, anotar em seu diário ou usar um aplicativo em seu celular.

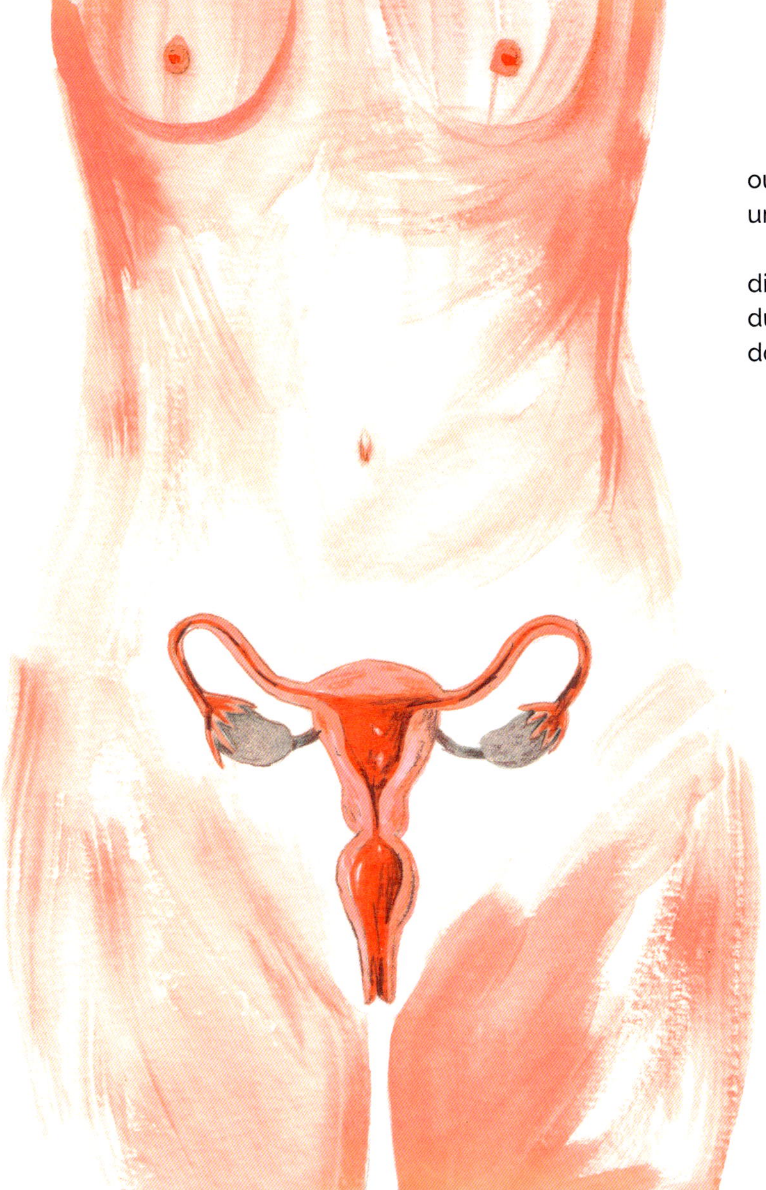

Quando a menstruação se inicia, o ciclo recomeça: outro óvulo cresce, as paredes do útero se engrossam, uma parte se desprende...

Para muitas pessoas, a menstruação dura entre 3 e 7 dias e o ciclo se repete a cada 25 e 35 dias, mas tanto a duração quanto a frequência dependem da alimentação, do estado de ânimo e de outros fatores.

Para ter em mente!

- A primeira menstruação geralmente ocorre entre os 9 e os 16 anos; e a última, por volta dos 50. Durante os primeiros e últimos anos, os ciclos podem ser especialmente irregulares, mas também pode haver variações em outros momentos da vida.
- Durante a ovulação, o fluxo vaginal geralmente se torna viscoso e transparente.
- A menstruação pode causar dor ou desconforto. Se isso acontecer, é importante consultar um profissional para descartar problemas e esclarecer dúvidas.

Quem menstrua?

DESDE A PUBERDADE até a **menopausa**, a maioria das mulheres menstrua. No entanto, há muitas que não o fazem. Por exemplo, as mulheres grávidas não menstruam porque, uma vez que o óvulo fecundado se implanta, o processo que causa o sangramento é interrompido. O mesmo ocorre com as mulheres que nascem sem útero ou que têm outro tipo de atividade hormonal, como, por exemplo, aquelas que não produzem o hormônio necessário para o crescimento dos óvulos.

Tampouco todas as pessoas que menstruam são mulheres: alguns homens trans e outras pessoas que não se identificam como mulheres menstruam. A menstruação não depende de ser mulher nem define quem são, mas é o resultado de uma combinação de características físicas e contextuais.

É o cessar da menstruação. Ocorre por volta dos 50 anos, após um processo no qual a produção dos hormônios envolvidos no ciclo diminui.

#MENSTRUmito 1

As amigas menstruam ao mesmo tempo.

Durante muitos anos, acreditou-se que pessoas que passavam muito tempo juntas sincronizavam sua menstruação. Na realidade, o que acontece é que os ciclos menstruais não são exatos e a duração do sangramento pode variar. Por esse motivo, se duas pessoas costumam estar juntas, é possível que percebam que alguns de seus ciclos coincidem, mas é apenas uma questão de probabilidades.

ciclo
lua
Sangramento
mês
chico
fluxo
incômodo
aqueles
Diabo
dias
mar
vermelho
Regra
vermelho
período

NOMEAR SEM NOMEAR

Em todas as línguas, há maneiras de se referir à menstruação sem mencioná-la. Essa prática vem do fato de que, ainda hoje, para muitas pessoas, é algo vergonhoso.

E o que é feito com o sangue?

PARA QUASE TODAS as pessoas que menstruam, o mais confortável é usar produtos que retenham o sangue e evitem que entre em contato com a roupa. Eles são chamados de produtos de **higiene menstrual** e existem vários e muito variados. Algumas pessoas usam o mesmo tipo durante toda a vida, outras vão mudando, outras combinam vários...

Não há um melhor que o outro, e a escolha é muito pessoal. No entanto, independentemente do método escolhido por cada pessoa para gerenciar sua menstruação, manchar-se é algo muito comum e não deveria ser motivo de vergonha.

Algumas pessoas não podem comprar produtos de gestão menstrual e faltam à escola ou ao trabalho nos dias em que estão menstruando. Por outro lado, o uso de materiais inadequados para conter o sangramento aumenta as chances de infecções. Diante dessa situação e após muitos protestos, países como Quênia, Estados Unidos e Escócia promulgaram leis que garantem que esses produtos sejam distribuídos gratuitamente em escolas, prisões, hospitais e outros espaços comunitários.

O Canadá e as Ilhas Canárias, uma comunidade autônoma espanhola, retiraram os impostos sobre esses produtos para torná-los mais acessíveis. Apesar de suas enormes diferenças, todos concordaram que o acesso aos produtos de gestão menstrual é um direito.

Na América Latina, existem diferentes movimentos que lutam pela mesma causa. "Menstruación Libre de Impuestos", da Colômbia, e "#MenstruAcción", da Argentina, são exemplos disso.

#MENSTRUmito 2

Se você está menstruando, não pode tomar banho.

Talvez você já tenha ouvido falar que, durante a menstruação, deve-se evitar banhos ou nadar em piscinas porque isso interrompe o ciclo e o sangue fica retido. Nada disso é verdade. O processo continua, tanto dentro quanto fora da água.

OS DESCARTÁVEIS

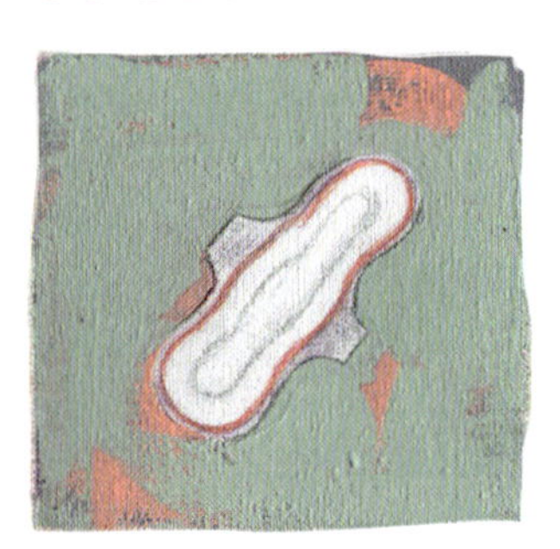

Absorventes: são colocados sobre a calcinha e é recomendado trocá-los a cada 6 horas, ou menos, se o sangramento for muito intenso. Existem muitos modelos: finos, normais, espessos ou noturnos, com abas, sem abas. Na sua produção, é utilizada muita água e não são biodegradáveis.

Esponjas menstruais: são colocadas dentro da vagina, umedecidas com água. Absorvem menos do que os tampões e, quando sua capacidade é atingida, são retiradas, lavadas com água e recolocadas. São biodegradáveis e duram uma ou duas menstruações.

Tampões: são colocados dentro da vagina e trocados a cada 6 horas, ou menos, se a capacidade de absorção for completada antes disso. Podem ser usados em qualquer idade. Vêm em diferentes tamanhos, que são escolhidos de acordo com a quantidade de sangramento. Não são biodegradáveis e, assim como acontece com os absorventes, muitos cientistas alertam que não há estudos suficientes garantindo que os produtos químicos que contêm não causam danos à saúde.

OS REUTILIZÁVEIS

Absorvente reutilizável: é usado da mesma forma que os descartáveis, mas, em vez de ser jogado fora, é deixada de molho por algumas horas e depois lavado. Uma vez seco, pode ser usado novamente.

Calcinha absorvente: é usada como qualquer roupa íntima e é produzida com tecidos especiais que absorvem o sangramento. Tem a capacidade de absorção de até 2 tampões. Também é deixada de molho e depois lavada.

Coletor menstrual: é feito de silicone e vem em dois tamanhos. Assim como o tampão, é colocado dentro da vagina, mas, em vez de absorver, coleta o sangramento. Quando sua capacidade é atingida ou após 8 horas, é removido, esvaziado, lavado e recolocado. Ao final da menstruação, é esterilizado e guardado. Pode durar até 10 anos. Também está disponível na versão descartável.

Já é hora de tomar suas próprias decisões?

EXISTEM ALGUMAS DECISÕES que, provavelmente, você já está tomando de forma autônoma: o que vestir, como arrumar o cabelo ou o que fazer nos momentos livres. Outras talvez você esteja considerando ou discutindo, como entrar sozinha ou sozinho em suas consultas médicas, qual caminho tomar para voltar para casa, quais atividades fazer – ou não fazer – fora da escola e com quem. Outras nem estão em foco, como planejar férias com amigas e amigos, o que estudar ou qual profissão seguir...

Adquirir **autonomia**, ou seja, decidir por conta própria é, sem dúvida, uma das maiores e melhores mudanças da adolescência. No caminho haverá aprendizados, testes e erros, ajuda de adultos e trocas com colegas, coisas muito divertidas e outras nem tanto. É algo que você vai conseguir no seu próprio ritmo e que levará um tempo. No começo, você precisará do acompanhamento de pessoas mais velhas, mas, à medida que você pratica a tomada de decisões, precisará cada vez menos de ajuda.

Ser autônomo não significa fazer o que quiser, sem se preocupar com mais ninguém. As decisões que você toma afetam as pessoas ao seu redor e a convivência entre vocês. Talvez você sinta, por exemplo, que já é hora de voltar para casa mais tarde, mesmo que sua família ainda considere isso perigoso. Nesse caso, sempre será bom conversar e ver juntos como fazer para que você se sinta bem e, ao mesmo tempo, ninguém se preocupe.

Uma última coisa: a autonomia não é uma competição. Algumas pessoas podem começar a tomar certas decisões mais cedo do que outras, mas isso não as torna melhores ou mais maduras. Nem todos querem a mesma coisa ao mesmo tempo, nem todas as famílias reagem da mesma maneira.

#PuberDica

É uma boa ideia que sempre haja alguém que saiba onde você está. Para isso, pode ser útil comunicar seus planos, compartilhar sua localização pelo celular, avisar quando chegar a algum lugar...

Você sabia que...

Em 1990, entrou em vigor a Convenção sobre os Direitos da Criança, que garante a todas as crianças e adolescentes o direito de expressar livremente suas opiniões.

O que é masturbação?

COM CERTEZA existem muitas formas de se referir à **masturbação** na região onde você mora. Você sabe o que é? Consegue imaginar como é? Existe uma idade para fazer isso?

Ao se familiarizar com o seu próprio corpo, é provável que você descubra ou já tenha descoberto que acariciar suas zonas mais sensíveis, como os seios, o ânus, o pênis ou a vulva proporciona prazer. Isso é o que significa se masturbar: ter um encontro prazeroso consigo mesmo. E, como tudo relacionado ao prazer, não há uma única forma de fazê-lo, nem uma parte do corpo que todas as pessoas preferem igualmente. Até mesmo o que cada pessoa sente pode ser diferente e pode variar de acordo com o momento, a idade e outros fatores.

Masturbar-se permite se conhecer, explorar as possibilidades do corpo, relaxar, liberar tensão sexual e experimentar sensações prazerosas. Há aqueles que se masturbam frequentemente, aqueles que o fazem de vez em quando e aqueles que nunca o fazem. E, logicamente, não há uma idade para se masturbar: pode ser feito desde a infância até a idade adulta.

Você sabia que...

Muitos animais se masturbam, como elefantes, alguns macacos, orcas, lagartos, hienas, tartarugas e pinguins.

Para ter em mente!

A masturbação é um ato que não deve ser realizado em público, que não deve ser feito sob pressão e, como todo ato sexual, deve ser feito por desejo próprio.

#MASTURmito 1

Não é bom se masturbar durante a menstruação.

Não só é falso, como também há estudos que sugerem que a masturbação pode ajudar a aliviar as dores menstruais.

#MASTURmito 2

Pessoas com deficiência não se masturbam.

Todas as pessoas pensam em sua sexualidade e a exercem. Muitas vezes, os preconceitos sobre pessoas com deficiência impedem que esses temas sejam discutidos abertamente.

O que é uma ereção?

ALÉM DO contato físico, muitas outras coisas podem te estimular sexualmente: uma imagem, um cheiro, uma lembrança, uma fantasia, algo que você ouve, alguém de quem você gosta... E é provável que, diante de um estímulo, você tenha uma **ereção**. Pode acontecer de você ter várias ereções em um dia, apenas uma ou nenhuma. As ereções não duram para sempre: depois de um tempo, elas desaparecem. E, a menos que causem desconforto ou dor, não é algo para se preocupar.

Embora as ereções ocorram desde muito jovem, durante a puberdade elas podem ser mais frequentes e causar novas sensações. Claro, haverá coisas que te estimulam mais do que outras, e é muito provável que essas preferências mudem ao longo da vida. Também pode acontecer de você ter uma ereção sem motivo aparente e no momento menos esperado.

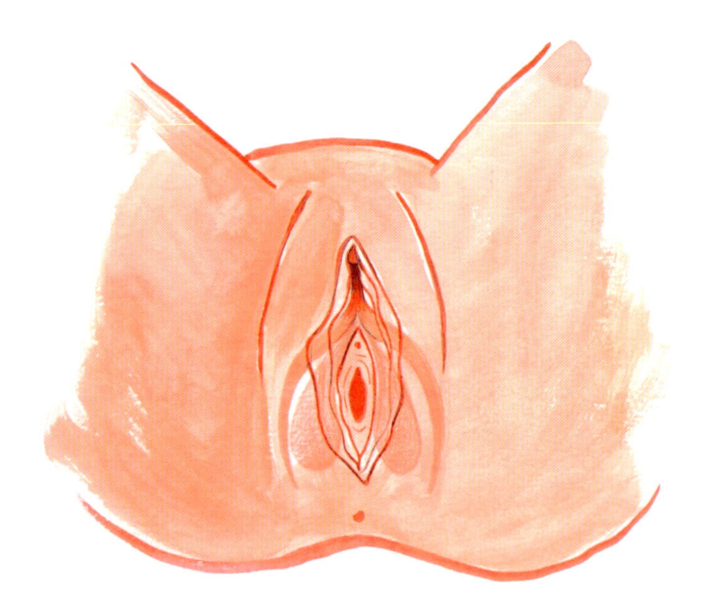

O CLITÓRIS

O clitóris é um órgão cuja parte externa pode ser vista onde os pequenos lábios da vulva se encontram. Se você olhar de perto, notará a glande e o capuz do clitóris: a glande é a parte arredondada e o capuz é o que o reveste, às vezes completamente, às vezes apenas parcialmente. A parte interna, que obviamente não é visível, é significativamente maior.

Calcula-se que a glande do clitóris tenha cerca de 8.000 terminações nervosas, tornando-o uma área extremamente sensível. O clitóris é o único órgão do corpo cuja função é apenas proporcionar prazer. Diante de um estímulo, ele se enche de sangue, fica maior e cada vez mais rígido.

OS MAMILOS

Os mamilos têm muitas terminações nervosas, por isso são uma área muito sensível do corpo. Suas ereções estão relacionadas com a oxitocina, um hormônio que é liberado com a excitação sexual e a amamentação. Além disso, também ficam eretos quando está frio ou ao roçar da roupa.

O PÊNIS

A parte mais sensível do pênis é a ponta, a glande. Geralmente, está coberta por um capuz de pele chamado prepúcio. Em muitos casos, seja por motivos religiosos ou de saúde, o prepúcio é removido por meio de uma intervenção cirúrgica.

No interior do pênis, há veias, artérias e tecidos semelhantes a uma esponja. A ereção começa quando, diante de um estímulo, as artérias se dilatam e permitem a entrada de uma maior quantidade de sangue. Isso faz com que o tecido esponjoso se expanda e o pênis cresça e fique duro. Ereto, o pênis pode parecer reto ou curvo como uma banana e seu tamanho varia entre diferentes pessoas.

O que é um orgasmo?

O ORGASMO é uma resposta física involuntária, ou seja, algo que você não pode controlar. Ele ocorre pelo estímulo dos órgãos genitais ao se masturbar ou durante uma relação sexual. Você também pode ter um orgasmo diante de uma sensação intensa de prazer provocada por uma forte excitação sexual. Até mesmo enquanto você dorme!

Não há uma única forma de sentir orgasmos, nem os orgasmos são a única maneira de experimentar prazer. Algumas pessoas têm vários orgasmos em uma mesma ocasião, outras têm apenas um e algumas não têm nenhum. Os orgasmos podem ser intensos, suaves, curtos ou longos...

Do ponto de vista biológico, o orgasmo se manifesta como contrações rítmicas nas áreas pélvica e genital. Eles geralmente vêm acompanhados de ejaculação, lubrificação vaginal, vermelhidão na pele, aumento dos batimentos cardíacos ou inchaço das genitálias. No entanto, não há uma maneira exata de determinar se você tem um orgasmo ou se outra pessoa está tendo.

Você sabia que...
Os orgasmos estão associados
à liberação de substâncias
que nos ajudam a reduzir o
estresse e a nos sentirmos
mais felizes.

O que é ejaculação?

POR MUITO TEMPO se pensou que a **ejaculação** era uma questão exclusiva das pessoas com pênis, mas muitos estudos apontam que as pessoas com vulva também ejaculam. A ejaculação é o momento em que os órgãos genitais liberam um líquido esbranquiçado e pegajoso como resposta a um estímulo sexual prazeroso, geralmente um orgasmo.

O líquido que sai do pênis é chamado de **sêmen**. O sêmen começa a ser produzido durante a puberdade e sua composição, cor e aparência mudam ao longo do tempo. No momento da ejaculação, ele é expelido pela uretra (o mesmo canal por onde sai a urina) com uma velocidade de até 45 km/h. Pode conter milhões de espermatozoides – as células que, ao se unirem a um óvulo, podem resultar em uma gravidez.

No caso da vulva, há pessoas que ejaculam como se fosse um jato, outras o fazem de uma forma quase imperceptível e outras não o fazem absolutamente. Pouco foi pesquisado e escrito sobre a ejaculação pela vulva.

Curiosamente, foi descrita em vários textos da filosofia chinesa do século IV, da Antiga Índia e no *Kama Sutra* (um famoso tratado hindu sobre o prazer sexual), que depois caíram no esquecimento.

#PuberDica

Pode acontecer que, ao acordar, você encontre sua roupa íntima e até mesmo os lençóis molhados. Não há com o que se preocupar: provavelmente você teve uma ejaculação durante o sono. Talvez já seja hora de começar a cuidar da limpeza de suas roupas íntimas, se ainda não o faz.

Existem corpos “melhores”?

MAIS DE UMA VEZ você deve ter visto propagandas que tentam te convencer de que, para estar “na moda”, é preciso beber aquela bebida ou ter aquela mochila. Além disso, muitos influenciadores ou *youtubers* que você admira recomendam produtos que, talvez, eles nem usem ou consumam. Para quem é vantajoso que você beba aquele refrigerante ou compre aquela mochila? Para você ou para as empresas que os vendem?

Acontece o mesmo com o corpo? As propagandas tentam fazer você acreditar que existem corpos melhores que outros? É difícil saber em que momento surgiram os **estereótipos de beleza**, mas sabemos que eles variam de lugar para lugar e mudam ao longo do tempo. O que para você é bonito, em outras culturas, pode não ser. Isso sempre aconteceu ao longo da história.

Uma diferença desta época em relação a outras é que, com as redes sociais e as muitas telas e revistas que existem, estas “mensagens” chegam de muitos lados e a todo momento: imagens que mostram pessoas totalmente iguais e uma enorme oferta de coisas que prometem fazer você se parecer com essas pessoas, mesmo que seu corpo não se pareça em nada com esse tipo de corpo ou que você não aprecie esse estilo de vida. Esse

Vamos experimentar!

Desenhe alguém com um corpo bonito. Quais características essa pessoa tem? Suas amigas e amigos fariam o mesmo desenho? Parece com o seu corpo ou com o corpo de alguma pessoa próxima?

Você sabia que...

A princesa persa Taj al-Saltaneh (1884-1936), escritora, pintora e ativista pelos direitos das mulheres no Irã, era considerada uma mulher muito bonita, entre outras coisas, por seu fino bigode.

modelo único, associado à beleza, se chama **beleza hegemônica**.

Para alcançar essa única forma de ser bonito ou bonita, muitas pessoas fazem coisas para se aproximar mais do ideal: às vezes são ações passageiras, como pintar o cabelo ou depilar-se; outras são decisões permanentes, como fazer uma cirurgia ou se tatuar e, algumas vezes, realizam inclusive ações que podem colocá-las em risco, como seguir uma dieta ou se submeter a um tratamento sem nenhuma supervisão médica.

Onde está a beleza?

AS PESSOAS não são todas iguais... Ainda bem! Há pessoas altas, baixas, com sardas, com pintas, com óculos, com muletas, com aparelho ortodôntico, de pele clara, de pele escura, ruivas, loiras, morenas, corpulentas, pequenas, com seios grandes, com seios pequenos, com cabelo cacheado, com cabelo liso, carecas, com nariz achatado, com nariz proeminente...

Já aconteceu de você conhecer alguém e, com o tempo, começar a achá-la mais bonita? Certamente, entre seus entes queridos há muitas pessoas que você acha bonitas e que, no entanto, não se encaixam no "ideal" nem se parecem com as pessoas que passam na televisão. Isso ocorre porque são muitas as coisas que fazem uma pessoa ser bonita, como o que a faz rir, a maneira como se expressa, seu jeito de dançar, como faz os outros se sentirem...

E quanto a você? Já aconteceu de se olhar no espelho e não se sentir bem com seu corpo? De onde você acha que surgiu esse desconforto? Você sente a pressão de ser de tal ou qual maneira? Se algo disso acontecer com você, procure conversar com um adulto de sua confiança para tentar encontrar uma solução.

Para ter em mente!

Se você se preocupa com seu peso ou com algo da sua aparência, o melhor é consultar um profissional e não se deixar levar pelo que ouve por aí ou pelo que encontra nas redes sociais. Nem sempre o que os outros dizem é verdade ou bom para a sua saúde.

Você gosta de alguém? Alguém gosta de você?

EMBORA GOSTAR de outras pessoas não seja algo que começa a acontecer apenas na adolescência, é provável que agora você esteja mais atento ao que acontece contigo e ao que ocorre com os outros em relação a você.

Gostaria que muitas pessoas gostassem de você? Mesmo se você não gostasse delas? Talvez sinta admiração por alguém que é querido por muitas pessoas. E talvez se sinta bem sabendo que alguém gosta de ti, mesmo que você não goste dessa pessoa. Embora isso possa melhorar sua autoestima, lembre-se sempre de que gostar de alguém envolve sentimentos e que as outras pessoas não devem ser usadas como instrumentos para seu próprio bem-estar.

Vamos experimentar!

Procure uma boa amiga ou um bom amigo e peça que escreva em um papel as razões pelas quais alguém poderia gostar de você. Enquanto isso, faça o mesmo em relação a ela ou ele. Reservem tempo suficiente para isso e depois troquem os papéis. Você teria escrito as mesmas coisas sobre si? Algo te surpreendeu?

Para ter em mente!

Sentir que gosta de alguém pode ser muito bom, mas é uma sensação que talvez mude com o tempo. E, também, é algo que pode acontecer com várias pessoas, com uma ou com nenhuma...

TESTE PARA SABER SE ALGUÉM PODE ESTAR GOSTANDO DE VOCÊ

○ Compartilha seus gostos musicais.	○ Ouve músicas diferentes.
○ É fã do mesmo time de futebol.	○ É fã do time rival.
○ Vive perto da sua casa.	○ Vive longe da sua casa.
○ Se diverte com as mesmas coisas que você.	○ Se interessa por coisas de que você não gosta.
○ Pensa muito parecido com você.	○ Costuma discordar de você.

Se você escolheu três ou mais opções da primeira coluna, pode ser que goste de você!
Se você escolheu três ou mais opções da segunda coluna, pode ser que goste de você!

E se gostarem um do outro, já é o suficiente?

GOSTAR DE ALGUÉM e ser correspondido pode ser o pontapé inicial de uma relação romântica. Uma atração mútua inicial pode levar a muitos tipos de vínculo, mas, independentemente da forma que tomem, é importante que sejam de comum acordo.

Algo que você não deve perder de vista é que, embora tenham uma relação romântica, cada um tem sua própria vida, seus espaços, suas amizades, suas atividades... E que, assim como pode desenvolver um vínculo que te faça muito bem, algumas relações podem te machucar. Também pode acontecer que, após um curto ou longo período, a outra pessoa prefira não continuar com a relação. Ou você pode sentir o mesmo. Em todos esses casos é importante lembrar a regra básica: não é não e sim é sim.

#AMORmito 1

Se sente ciúme, é porque te ama.

Ter uma relação com outra pessoa não dá o direito de controlá-la. Os ciúmes não demonstram carinho e muitas vezes são o início de situações de violência.

#AMORmito 2

Existe a sua metade da laranja, é só uma questão de a encontrar.

Calma, calma... não te falta nada. Você está bem do jeito que é, não deveria esperar que outra pessoa te complete.

Guia para aumentar as chances de beijar bem

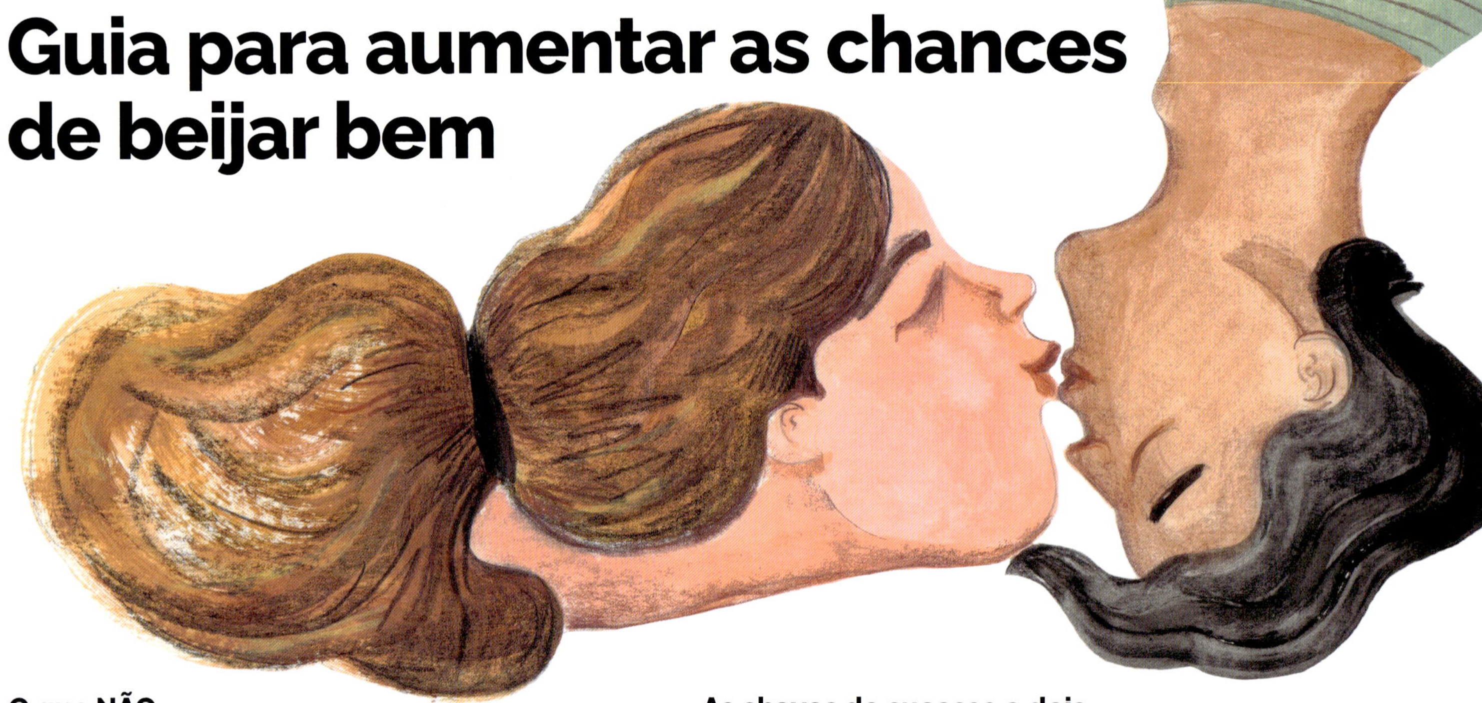

O que NÃO...

- Não se requer experiência prévia, embora seja provável que seus beijos melhorem com a prática.
- Não há manual de instruções e tampouco é necessário: você saberá o que fazer.
- Não importa o que dirão.

As chaves do sucesso a dois

- Que ambos tenham vontade de se beijar.
- Que haja um clima de confiança e respeito mútuo.
- Que sintam atração recíproca e vontade de explorar novas sensações.

Verdadeiro ou falso?

1. Se um garoto beija muitas garotas, ele é um garanhão.
2. As garotas não podem iniciar o beijo.
3. Beijar apaixonadamente é bom para a saúde.
4. Nenhuma pessoa deve se sentir obrigada a beijar outra.
5. Só se pode sentir desejo de beijar alguém de outro gênero.

RESPOSTAS 1. Falso. A quantidade de vezes que uma pessoa beija outras não é um valor, não diz nada bom nem ruim sobre ela. 2. Falso. Qualquer pessoa pode dar o primeiro passo, não importa se é garota ou garoto. 3. Verdadeiro. Durante os beijos apaixonados, o cérebro produz dopamina e endorfinas, substâncias que fazem você se sentir bem. 4. Verdadeiro. Ninguém precisa se justificar ou dar explicações para não fazer algo que não deseja. 5. Falso. Na hora de sentir atração e vontade de beijar outra pessoa, o gênero não conta.

É preciso contar tudo?

É PROVÁVEL que agora você sinta vontade de compartilhar coisas da sua vida e expressar suas opiniões, e que veja na Internet uma grande ferramenta para isso. Você pode publicar conteúdos por meio das suas redes sociais, o que é muito interessante e divertido, mas também pode ser arriscado. O mundo online oferece grandes oportunidades para identificar as rotinas de uma família, relacionar-se com menores por meio de uma identidade falsa ou obter dados importantes para depois cometer diversos crimes.

Por outro lado, todas as pessoas têm direito à privacidade. Mesmo que não haja nada de errado nas fotografias que você tira, nos vídeos que grava e no conteúdo que produz, talvez haja coisas que você não gostaria que todo mundo soubesse ou visse. Então, não se esqueça de que, uma vez colocada na Internet, a informação circula.

Para ter em mente!

As pessoas que praticam *grooming* inventam perfis muito bem elaborados de pré-adolescentes ou adolescentes que lhes permitem se aproximar de suas vítimas e ganhar sua confiança para depois assediá-las sexualmente.

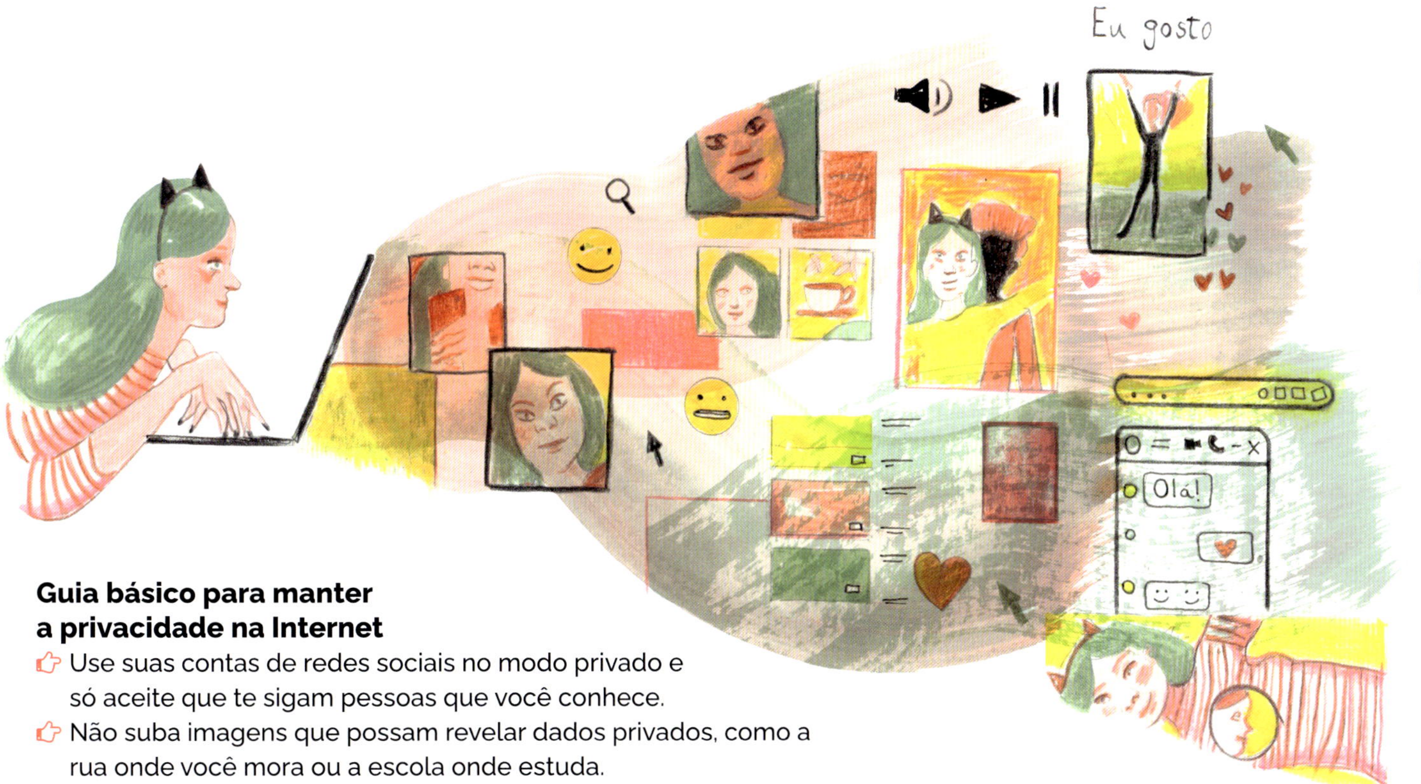

Guia básico para manter a privacidade na Internet

- Use suas contas de redes sociais no modo privado e só aceite que te sigam pessoas que você conhece.
- Não suba imagens que possam revelar dados privados, como a rua onde você mora ou a escola onde estuda.
- Não converse com usuários que você não possa identificar. Se tiver dúvidas, peça ajuda para verificar se seus novos contatos são quem dizem ser.
- Certifique-se de que tudo o que você publica sejam coisas que você realmente quer compartilhar. "A Internet guarda tudo."

Como navegar em um mar de informações?

O PRIMEIRO PASSO para esclarecer suas dúvidas ou encontrar respostas para suas perguntas é identificar quais são essas dúvidas e perguntas. O que você gostaria de descobrir? Há algo que você quer saber mais sobre? Se você tem uma pessoa adulta de confiança, comece contando a ela o que está passando pela sua cabeça para que te ajude a encontrar a informação que você precisa ou te recomende onde encontrá-la. A busca por respostas pode ser compartilhada e divertida!

Seja na companhia de alguém ou por conta própria, há livros que provavelmente te ajudarão, mas certamente a Internet tem a maior oferta para saciar sua curiosidade: informações detalhadas, imagens, vídeos e muito mais. No entanto, assim como há conteúdos valiosos, também há conteúdos errôneos, confusos e maliciosos, e é difícil se orientar entre essa enorme quantidade de dados e publicações.

Vamos experimentar!

Monte um grupo de pesquisa e escolham uma pergunta relacionada com a puberdade. Depois busquem a resposta individualmente e comparem os resultados. Todos dizem a mesma coisa? Qual fonte pareceu mais confiável? Por quê?

Para ter em mente!

Nas suas buscas, pode aparecer conteúdo inadequado que, entre outras coisas, pode te expor a imagens violentas ou situações perturbadoras. Para navegar sem sustos, configure filtros de idade e bloqueadores de anúncios publicitários nos buscadores.

Guia básico para conseguir informação segura na Internet

- Tente fazer perguntas específicas nos buscadores. Se sua busca for muito geral, os resultados também serão gerais.
- Se possível, escolha informações que venham de instituições públicas ou organizações, em vez de sites pessoais ou comerciais.
- Para saber se um artigo de uma enciclopédia colaborativa já foi verificado, confira se na parte superior não aparece um aviso dizendo que ainda está em processo de verificação.
- Se você encontrar artigos pessoais ou entrevistas, faça uma busca com o nome da pessoa que escreveu ou que foi entrevistada e certifique-se de que ela trabalhe na área em questão.

São enciclopédias virtuais, cujas páginas são escritas e revisadas por usuários de todo o mundo de forma livre. A mais famosa é a Wikipedia, que conta com dezenas de milhões de artigos escritos em mais de 300 idiomas.

Quem fez este livro?

GLORIA é professora de Antropologia e se especializou em Educação Sexual Integral (ESI). Ela dá aulas em colégios e em institutos de formação docente. Gosta muito de ir à montanha, fazer fogueiras e acampar. Durante sua puberdade, teve pela primeira vez uma sensação maravilhosa que, anos depois, descobriu ser... um orgasmo!

CAMILA é professora licenciada em Ciências da Educação. Ela se especializou em Educação Sexual Integral e trabalha com temas relacionados à saúde e na formação de professores. Gosta muito de ler, especialmente ficção científica e biografias de mulheres. Na puberdade, pensava que seus seios nunca cresceriam. E estava certa: até hoje eles não cresceram.

AGOSTINA é comunicadora científica e ativista feminista. Nas redes sociais, é conhecida como A Barbie Científica. É autora de vários livros e escreve sobre as novidades do mundo da ciência em diferentes meios de comunicação. No dia em que menstruou pela primeira vez, jogou a calcinha pela janela para mostrar para sua mãe, que estava chegando das compras. Elas ainda riem quando se lembram disso.

MARTINA é ilustradora e designer gráfica. Desde pequena, gosta muito de ilustrar pessoas com uma forte carga erótica. Na puberdade, adorava desenhar mulheres seminuas e exuberantes, sereias e personagens diversos. Este livro lhe deu a possibilidade de fazer isso profissionalmente... e muito mais!

Puberíndice

Este livro foi impresso, em primeira edição,
em outubro de 2024, em couché 150 g/m²,
com capa em cartão 250 g/m².